Impressum
Verlag: BABADADA GmbH, Nedderfeld 112 , 22529 Hamburg
Geschäftsführer / Verlagsleitung: Harald Hof
Druck: Books on Demand GmbH, In de Tarpen 42, 22848 Norderstedt

Imprint
Publisher: BABADADA GmbH, Nedderfeld 112 , 22529 Hamburg, Germany
Managing Director / Publishing direction: Harald Hof
Print: Books on Demand GmbH, In de Tarpen 42, 22848 Norderstedt

1

school
okul

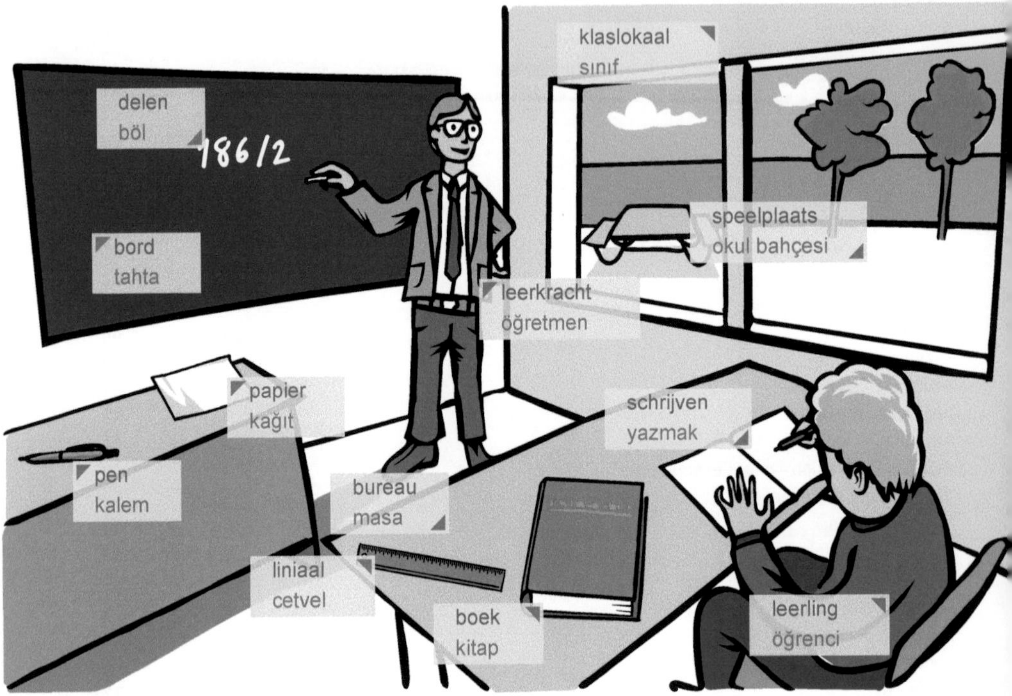
klaslokaal
sınıf
delen
böl
186/2
bord
tahta
speelplaats
okul bahçesi
leerkracht
öğretmen
papier
kağıt
schrijven
yazmak
pen
kalem
bureau
masa
liniaal
cetvel
boek
kitap
leerling
öğrenci

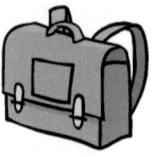

schooltas
okul çantası

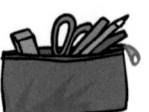

pennenzak
kalemlik

potlood
kurşun kalem

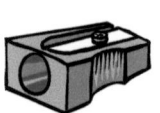

puntenslijper
kalem açacağı

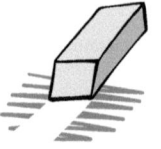

gom
silgi

tekenblok
çizim defteri

tekening

çizim

verfborstel

resim fırçası

verfdoos

boya kutusu

schaar

makas

lijm

tutkal

werkboek

alıştırma kitabı

huiswerk

ödev

nummer

sayı

optellen

ekle

aftrekken

çıkar

vermenigvuldigen

çarp

rekenen

hesapla

letter

harf

alfabet

alfabe

woord

kelime

tekst

metin

Lezen

okumak

krijt

tebeşir

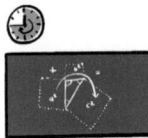

les

ders

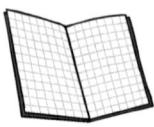

klassenboek

kayıt

examen

sınav

certificaat

sertifika

schooluniform

okul forması

onderwijs

eğitim

encyclopedie

ansiklopedi

universiteit

üniversite

microscoop

mikroskop

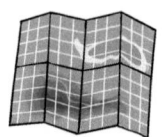

kaart

harita

papiermand

kağıt çöp kutusu

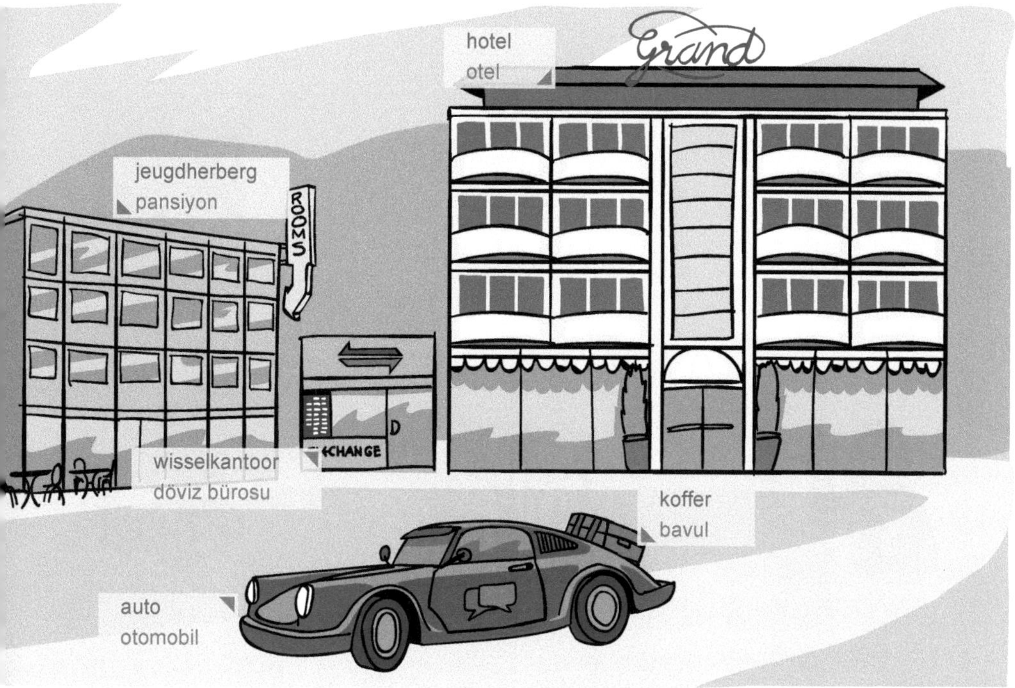

hotel
otel

Grand

jeugdherberg
pansiyon

ROOMS

wisselkantoor
döviz bürosu

EXCHANGE

koffer
bavul

auto
otomobil

Taal
dil

ja / nee
evet / hayır

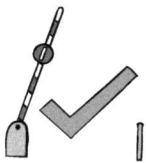

oké
Tamam

hallo
merhaba

vertaler
çevirmen

bedankt
Teşekkür ederim

Hoeveel kost ...?

bu ... ne kadar?

Ik begrijp het niet

anlamadım

probleem

problem

Goedenavond!

İyi akşamlar!

Goedemorgen!

Günaydın!

Goedenavond!

İyi geceler!

Tot ziens

güle güle

richting

yön

bagage

bagaj

zak

çanta

rugzak

sırt çantası

gast

misafir

kamer

oda

slaapzak

uyku tulumu

tent

çadır

toeristeninformatie

turist danışma

strand

sahil

kredietkaart

kredi kartı

ontbijt

kahvaltı

lunch

öğle yemeği

avondeten

akşam yemeği

ticket

Bilet

lift

asansör

postzegel

pul

grens

sınır

douane

gümrük

ambassade

elçilik

visum

vize

paspoort

pasaport

reis - seyahat

transport

ulaşım

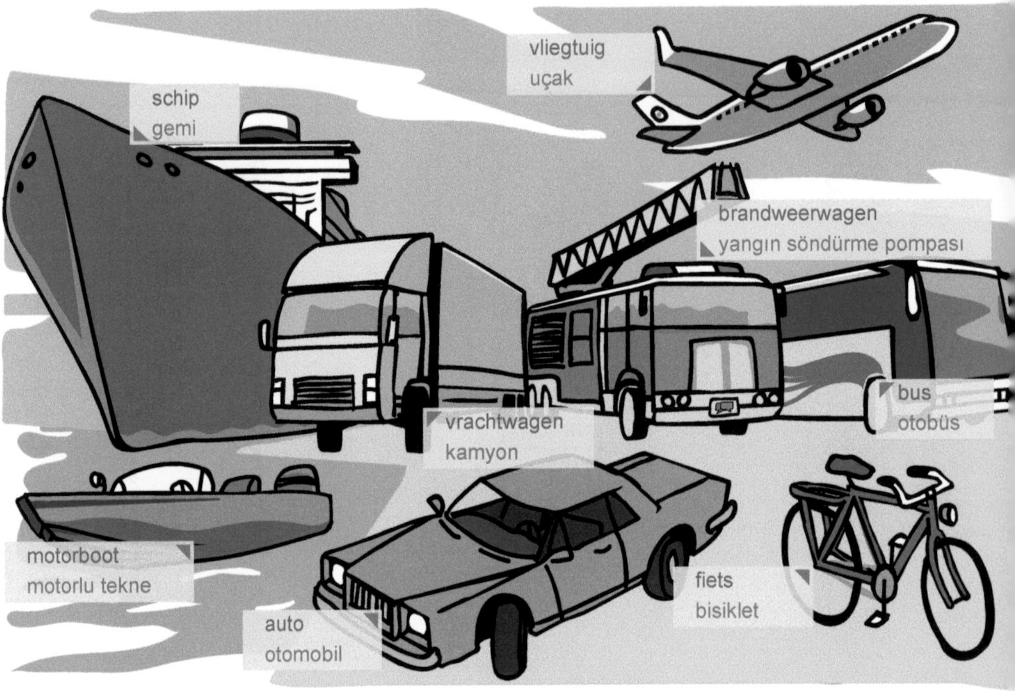

schip
gemi
vliegtuig
uçak
brandweerwagen
yangın söndürme pompası
bus
otobüs
vrachtwagen
kamyon
motorboot
motorlu tekne
fiets
bisiklet
auto
otomobil

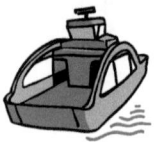

veerboot

feribot

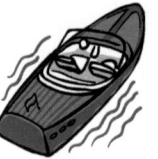

boot

bot

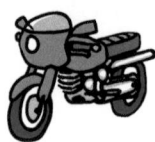

motor

motosiklet

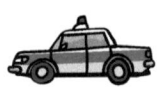

politiewagen

polis arabası

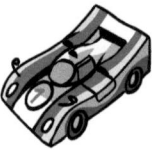

racewagen

yarış arabası

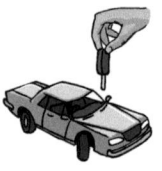

huurauto

kiralık araba

carpoolen
ortak araba

sleepwagen
çekici

vuilniswagen
çöp kamyonu

motor
motor

benzine
yakıt

benzinestation
benzinlik

verkeersbord
trafik işareti

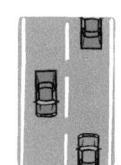

verkeer
trafik

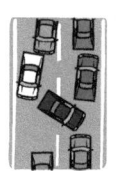

file
trafik sıkışıklığı

parkeerplaats
otopark

station
tren istasyonu

sporen
ray

trein
tren

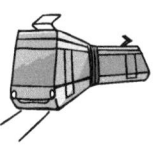

tram
tramvay

wagon
vagon

helikopter
helikopter

luchthaven
havaalanı

toren
kule

passagier
yolcu

container
konteyner

karton
koli

kar
yük arabası

mand
sepet

opstijgen / landen
kalkış / iniş

stad

şehir

dorp
köy

stadscentrum
şehir merkezi

huis
ev

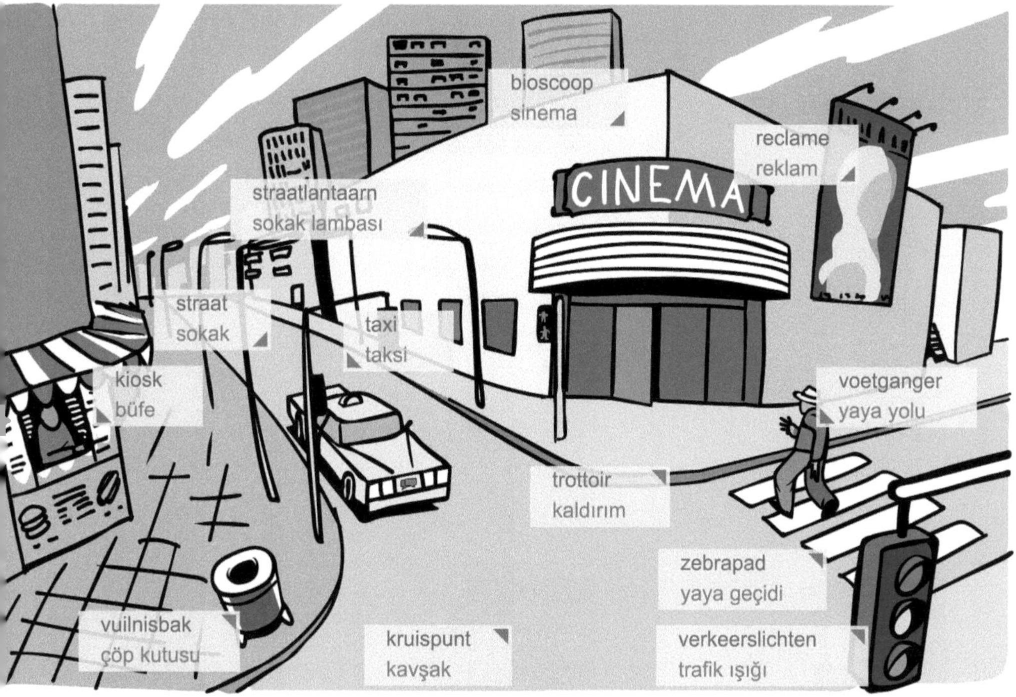

bioscoop
sinema

reclame
reklam

straatlantaarn
sokak lambası

CINEMA

straat
sokak

taxi
taksi

voetganger
yaya yolu

kiosk
büfe

trottoir
kaldırım

zebrapad
yaya geçidi

vuilnisbak
çöp kutusu

kruispunt
kavşak

verkeerslichten
trafik ışığı

hut
kulübe

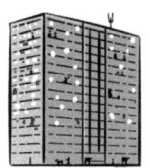

woning
apartman dairesi

station
tren istasyonu

stadshuis
belediye binası

museum
müze

school
okul

universiteit
üniversite

bank
banka

ziekenhuis
hastane

hotel
otel

apotheek
eczane

kantoor
ofis

boekwinkel
kitapçı

winkel
mağaza

bloemenwinkel
çiçekçi

supermarkt
süpermarket

markt
market

warenhuis
büyük mağaza

vishandelaar
balık satıcısı

winkelcentrum
alışveriş merkezi

haven
liman

park
park

bank
bank

brug
köprü

trap
merdiven

metro
metro

tunnel
tünel

bushalte
otobüs durağı

bar
bar

restaurant
restoran

brievenbus
posta kutusu

straatnaambord
sokak tabelası

parkeermeter
otopark sayacı

zoo
hayvanat bahçesi

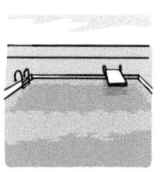

zwembad
yüzme havuzu

moskee
cami

stad - şehir

boerderij
çiftlik

milieuverontreiniging
kirlilik

kerkhof
mezarlık

kerk
kilise

speelplaats
oyun alanı

tempel
tapınak

landschap
arazi

blad
yaprak

wegwijzer
yön tabelası

weg
yol

weide
çayır

steen
taş

wandelaar
yürüyüşçü

boom
ağaç

rivier
ırmak

gras
çimen

bloem
çiçek

vallei
vadi

heuvel
tepe

meer
göl

bos
orman

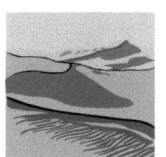

woestijn
çöl

vulkaan
volkan

kasteel
kale

regenboog
gökkuşağı

paddenstoel
mantar

palmboom
palmiye

mug
sivrisinek

vlieg
sinek

mier
karınca

bijl
arı

spin
örümcek

kever

böcek

kikker

kurbağa

eekhoorn

sincap

egel

kirpi

haas

yabani tavşan

uil

baykuş

vogel

kuş

zwaan

kuğu

wild zwijn

yaban domuzu

hert

geyik

eland

geyik

dam

baraj

windturbine

rüzgar türbini

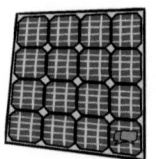

zonnepaneel

güneş paneli

klimaat

iklim

restaurant
restoran

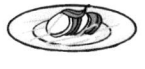

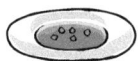

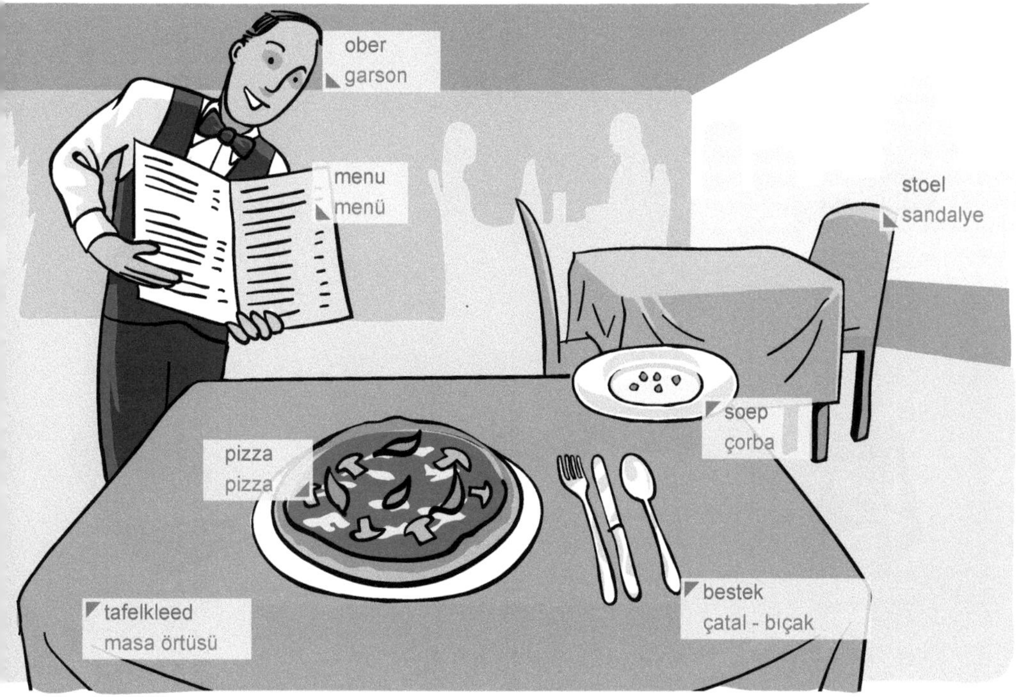
ober
garson
menu
menü
stoel
sandalye
soep
çorba
pizza
pizza
bestek
çatal - bıçak
tafelkleed
masa örtüsü

voorgerecht

başlangıç

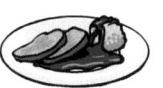

hoofdgerecht

ana yemek

nagerecht

tatlı

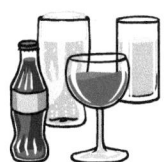

drankjes

içecekler

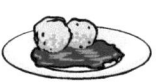

eten

yemek

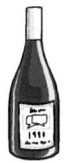

fles

şişe

fastfood

fastfood

street food

sokak yemeği

theepot

çaydanlık

suikerpot

şekerlik

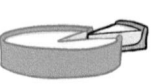

portie

porsiyon

espressomachine

espresso makinesi

kinderstoel

mama sandalyesi

rekening

fatura

dienblad

tepsi

mes

bıçak

vork

çatal

lepel

kaşık

theelepel

çay kaşığı

serviette

servis peçetesi

glas

bardak

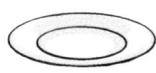

bord
tabak

soepbord
çorba kasesi

schoteltje
fincan altlığı

saus
sos

zoutvatje
tuzluk

pepermolen
karabiber değirmeni

azijn
sirke

olie
yağ

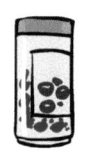

kruiden
baharat

ketchup
ketçap

mosterd
hardal

mayonaise
mayonez

supermarkt
süpermarket

aanbieding
özel teklif
FOR
klant
müşteri
zuivelproducten
süt ürünleri
fruit
meyve
winkelwagen
alışveriş arabası

BUTCHERS

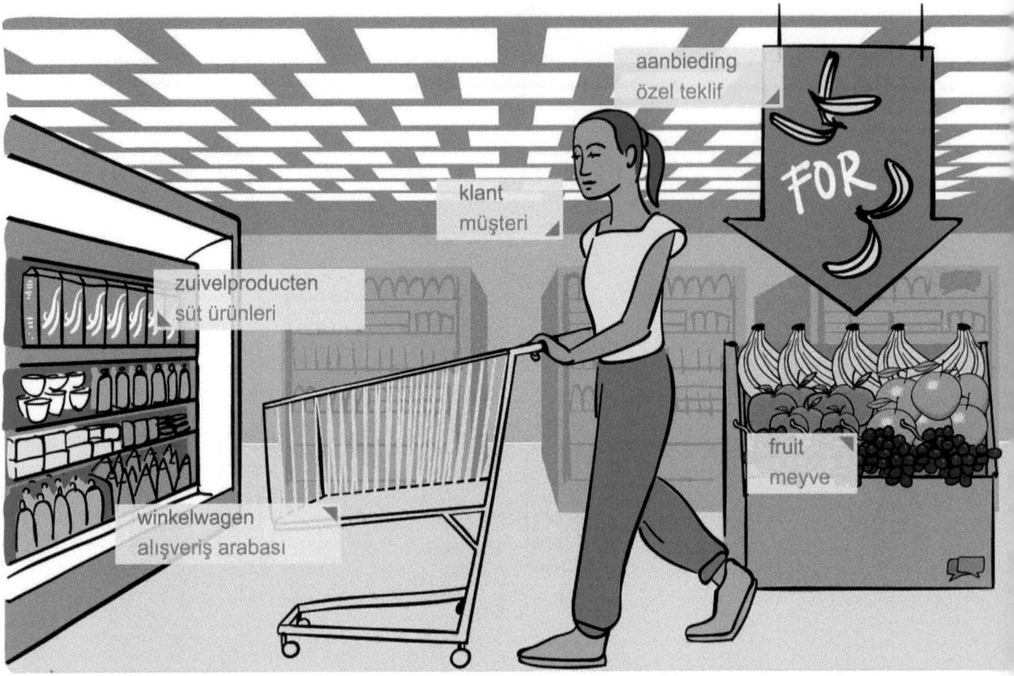

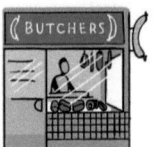

slagerij

kasap

BAKERY

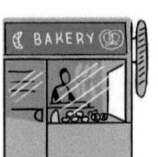

bakkerij

fırın

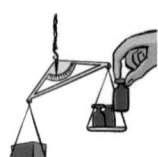

wegen

tartmak

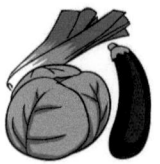

groenten

sebze

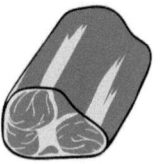

vlees

et

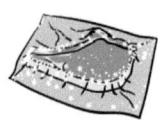

diepvriesvoedsel

donmuş gıda

charcuterie
söğüş et

conserven
konserve yiyecek

waspoeder
toz deterjan

snoep
şekerlemeler

huishoudproducten
ev temizlik ürünleri

schoonmaakproducten
temizlik ürünleri

verkoopster
satış görevlisi

kassa
yazar kasa

kassier
kasiyer

boodschappenlijstje
alışveriş listesi

openingstijden
açılış saatleri

portefeuille
cüzdan

kredietkaart
kredi kartı

tas
çanta

plastieken zakje
plastik poşet

water
su

sap
meyve suyu

melk
süt

cola
kola

wijn
şarap

bier
bira

alcohol
alkol

cacao
kakao

thee
çay

koffie
kahve

espresso
espresso

cappuccino
kapuçino

banaan

muz

appel

elma

sinaasappel

portakal

meloen

kavun

citroen

limon

wortel

havuç

knoflook

sarımsak

bamboe

bambu

ajuin

soğan

champignon

mantar

noten

çerez

noodles

makarna

spaghetti

spagetti

rijst

pirinç

salade

salata

frieten

cips

gebakken aardappelen

patates kızartması

pizza

pizza

hamburger

hamburger

sandwich

sandviç

kalfslapje

şinitzel

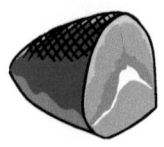

ham

pastırma

salami

salam

worst

sosis

kip

tavuk

braden

rosto

vis

balık

havervlokken

yulaf ezmesi

muesli

müsli

cornflakes

mısır gevreği

bloem

un

croissant

kruvasan

pistolet

küçük ekmek

brood

ekmek

toast

tost

koekjes

bisküvi

boter

tereyağı

kwark

kaymak

taart

kek

ei

yumurta

spiegelei

sahanda yumurta

kaas

peynir

ijs
....
dondurma

suiker
....
şeker

honing
....
bal

confituur
....
reçel

choco
....
fındık ezmesi

curry
....
köri

boerderij
çiftlik

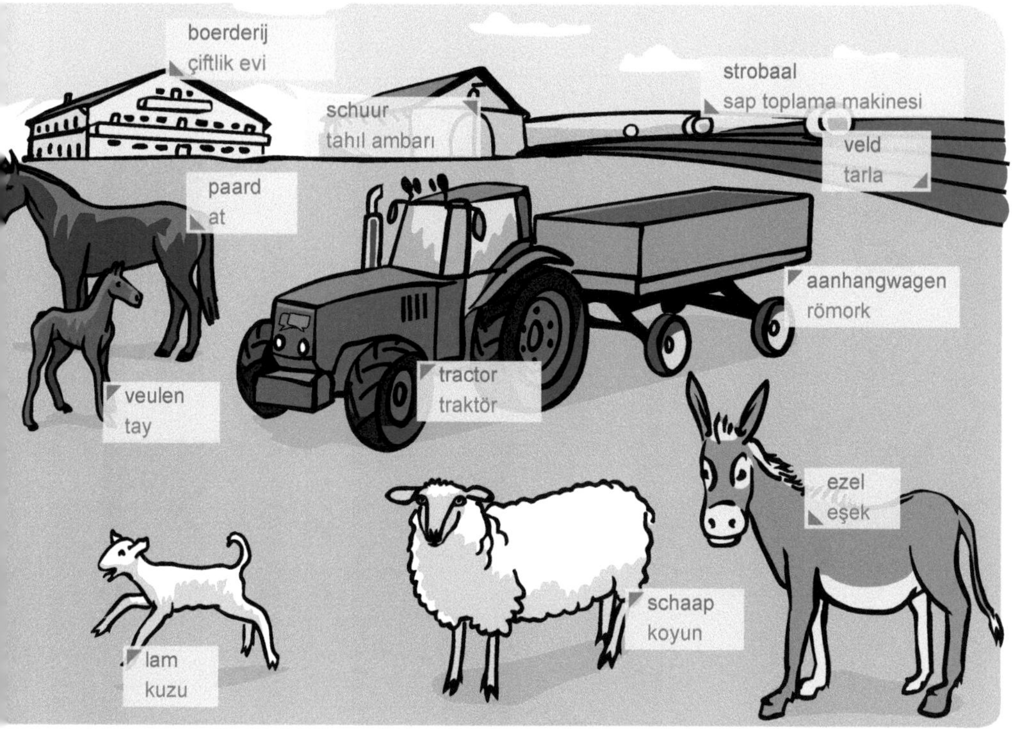
boerderij
çiftlik evi
schuur
tahıl ambarı
strobaal
sap toplama makinesi
veld
tarla
paard
at
aanhangwagen
römork
tractor
traktör
veulen
tay
ezel
eşek
schaap
koyun
lam
kuzu

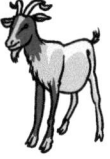

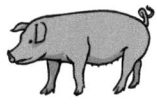

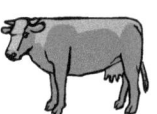

geit
keçi

koe
inek

kalf
buzağı

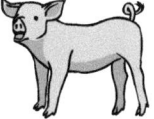

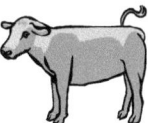

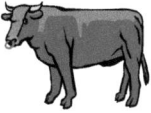

varken
domuz

biggetje
domuz yavrusu

stier
boğa

gans

kaz

eend

ördek

kuiken

civciv

kip

tavuk

haan

horoz

rat

sıçan

kat

kedi

muis

fare

os

öküz

hond

köpek

hondenhok

köpek kulübesi

tuinslang

bahçe hortumu

gieter

sulama kabı

zeis

tırpan

ploeg

pulluk

sikkel

orak

schoffel

çapa

hooivork

dirgen

bijl

balta

kruiwagen

el arabası

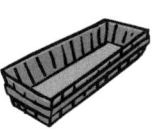

trog

yemlik

melkkan

süt kovası

zak

çuval

hek

çit

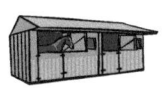

stal

ahır

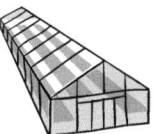

broeikas

sera

bodem

toprak

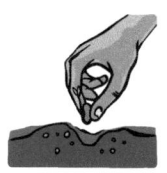

zaad

tohum

mest

gübre

maaidorser

biçerdöver

oogsten

hasat etmek

oogst

harman

yam

tatlı patates

tarwe

buğday

soja

soya

aardappel

patates

maïs

mısır

koolzaad

kolza

fruitboom

meyve ağacı

maniok

manyok

graan

hububat

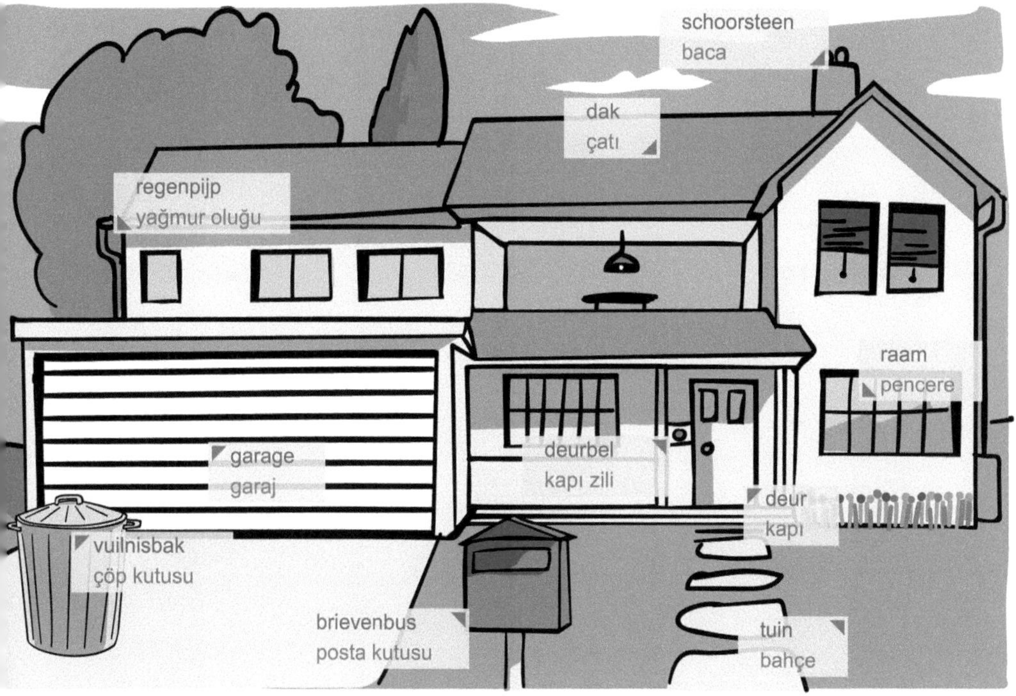

schoorsteen
baca

dak
çatı

regenpijp
yağmur oluğu

raam
pencere

garage
garaj

deurbel
kapı zili

deur
kapı

vuilnisbak
çöp kutusu

brievenbus
posta kutusu

tuin
bahçe

woonkamer
oturma odası

badkamer
banyo

keuken
mutfak

slaapkamer
yatak odası

kinderkamer
çocuk odası

eetkamer
yemek odası

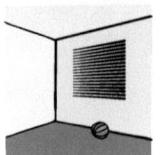

vloer
zemin

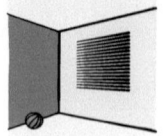

muur
duvar

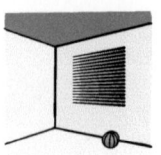

plafond
tavan

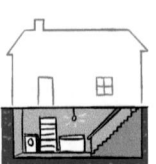

kelder
kiler

sauna
sauna

balkon
balkon

terras
teras

zwembad
havuz

grasmaaier
çim biçme makinesi

dekbedovertrek
çarşaf

dekbed
yatak örtüsü

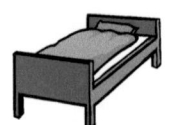

bed
yatak

bezem
süpürge

emmer
kova

schakelaar
anahtar

woonkamer
oturma odası

behangpapier
duvar kağıdı
foto
resim
lamp
lamba
schap
raf
kast
dolap
televisie
televizyon
open haard
şömine
bloem
çiçek
kussen
minder
sofa
kanepe
vaas
vazo
afstandsbediening
uzaktan kumanda

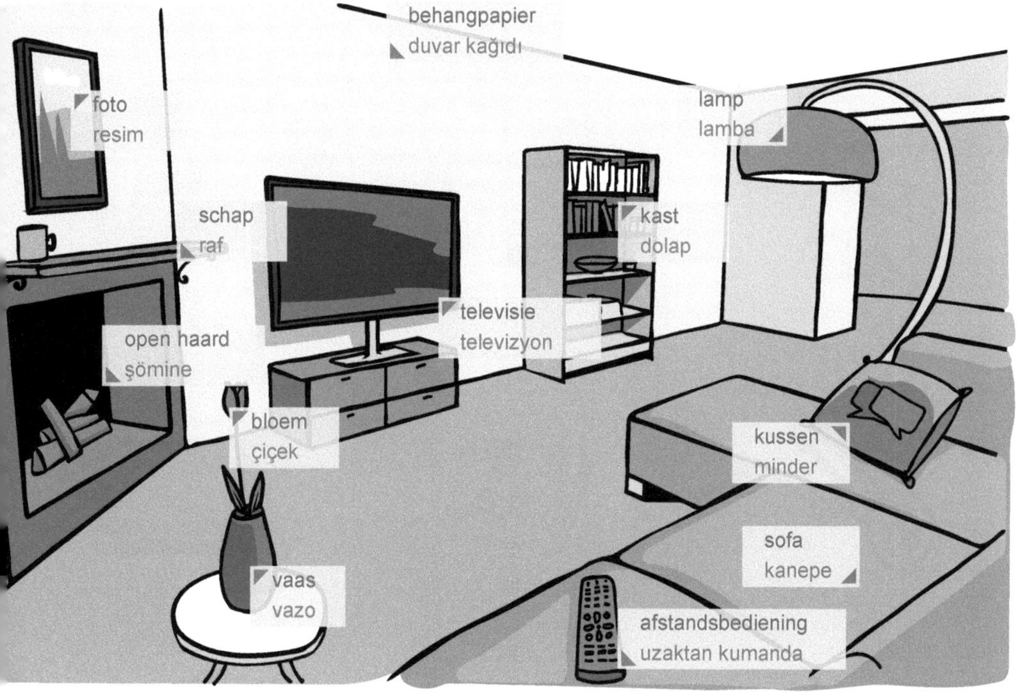

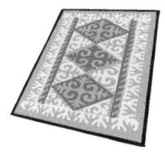

mat
halı

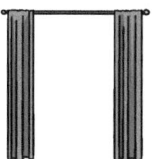

gordijn
perde

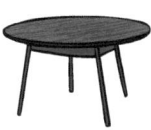

tafel
masa

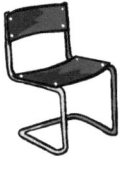

stoel
sandalye

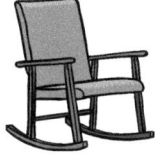

schommelstoel
salıncaklı koltuk

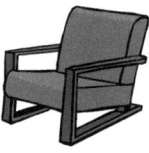

fauteuil
koltuk

boek

kitap

deken

battaniye

decoratie

dekor

brandhout

odun

film

film

stereo-installatie

hi-fi

sleutel

anahtar

krant

gazete

schilderij

tablo

poster

poster

radio

radyo

notitieboekje

defter

stofzuiger

elektrikli süpürge

cactus

kaktüs

kaars

mum

keuken
mutfak

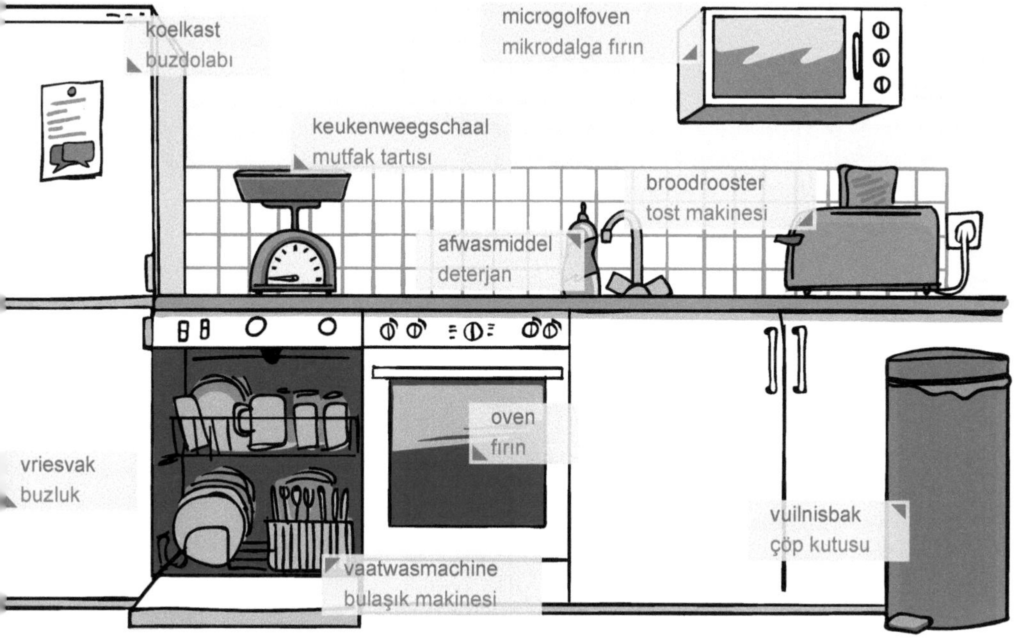
koelkast
buzdolabı
microgolfoven
mikrodalga fırın
keukenweegschaal
mutfak tartısı
broodrooster
tost makinesi
afwasmiddel
deterjan
oven
fırın
vriesvak
buzluk
vuilnisbak
çöp kutusu
vaatwasmachine
bulaşık makinesi

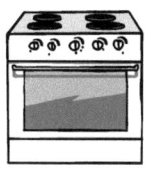

fornuis

ocak

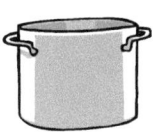

pot

tencere

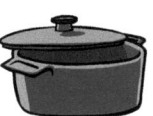

gietijzeren pot

döküm tencere

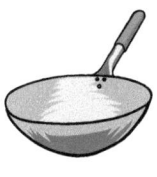

wok / kadai

wok

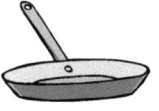

pan

tava

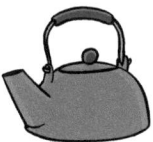

waterkoker

su ısıtıcı

stoomkoker
buharlı pişirici

bakplaat
pişirme tepsisi

servies
tabak takımı

mok
kupa

kom
kase

eetstokjes
çubuk (çin yemeği)

pollepel
kepçe

spatel
spatula

garde
çırpma teli

vergiet
süzgeç

zeef
elek

rasp
rende

mortier
havan

barbecue
barbekü

haardvuur
açık ateş

snijplank

kesme tahtası

deegrol

merdane

kurkentrekker

tirbüşon

blik

konserve kutusu

blikopener

konserve açacağı

pannenlap

fırın eldiveni

gootsteen

evye

borstel

fırça

spons

sünger

blender

blender

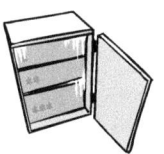

vriezer

derin dondurucu

papfles

biberon

kraan

musluk

badkamer

banyo

verwarming
ısıtma
douche
duş
handdoek
havlu
douchegordijn
duş perdesi
bubbelbad
köpük banyosu
badkuip
küvet
glas
bardak
wasmachine
çamaşır makinesi
kraan
musluk
tegels
fayans
kinderpo
lazımlık
gootsteen
evye

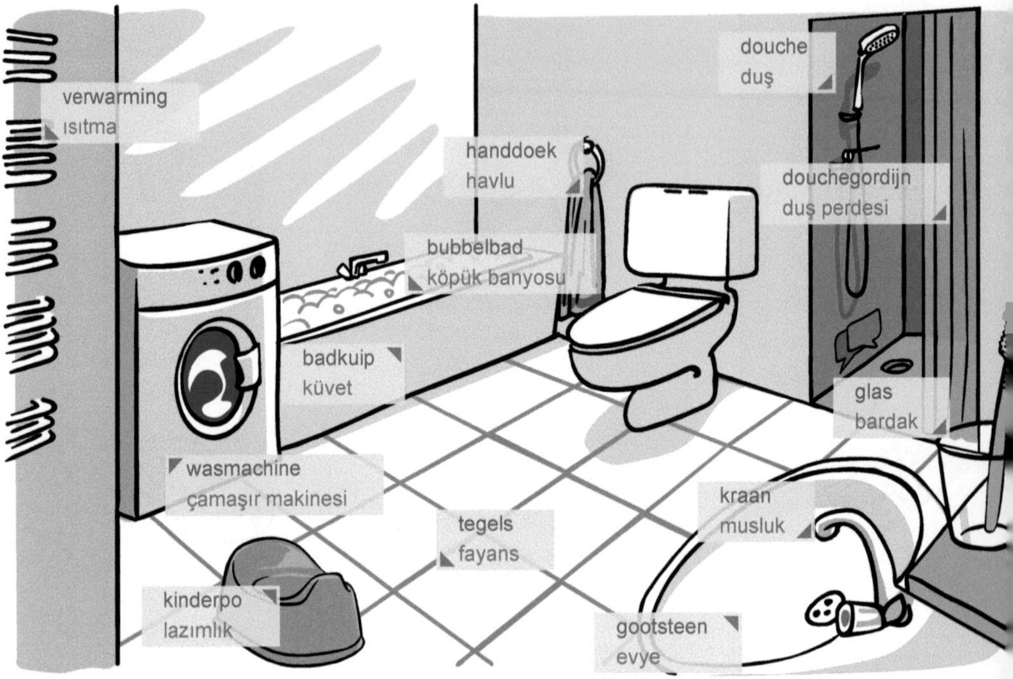

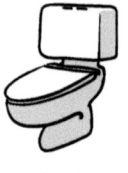

toilet

tuvalet

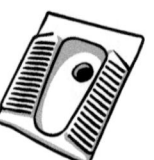

hurktoilet

alaturka tuvalet

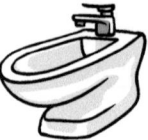

bidet

bide

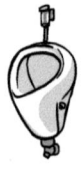

urinoir

pisuvar

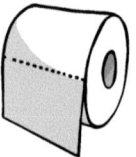

toiletpapier

tuvalet kağıdı

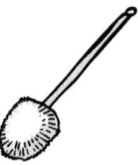

toiletborstel

tuvalet fırçası

tandenborstel

diş fırçası

tandpasta

diş macunu

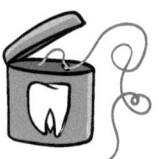

flosdraad

diş ipi

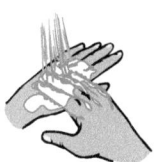

wassen

yıkamak

handdouche

duş başlığı

bidethanddouche

duş başlığı şeklinde taharet musluğu

waskom

küvet

rugborstel

banyo fırçası

zeep

sabun

douchegel

duş jeli

shampoo

şampuan

washandje

banyo lifi

afvoer

gider

crème

krem

deodorant

deodorant

spiegel

ayna

handspiegel

el aynası

scheermes

jilet

scheerschuim

tıraş köpüğü

aftershave

tıraş losyonu

kam

tarak

borstel

fırça

haardroger

saç kurutma makinesi

haarlak

saç spreyi

make-up

makyaj

lippenstift

ruj

nagellak

tırnak cilası

watten

pamuk

nagelknipper

tırnak makası

parfum

parfüm

toilettas

makyaj çantası

kruk

tabure

weegschaal

tartı

badjas

bornoz

latex handschoenen

lastik eldiven

tampon

tampon

maandverband

kadın pedi

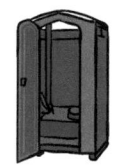

chemisch toilet

kimyevi tuvalet

kinderkamer

çocuk odası

wekker
çalar saat
knuffel
peluş oyuncak
speelgoedauto
oyuncak araba
rammelaar
çıngırak
poppenhuis
bebek evi
geschenk
hediye

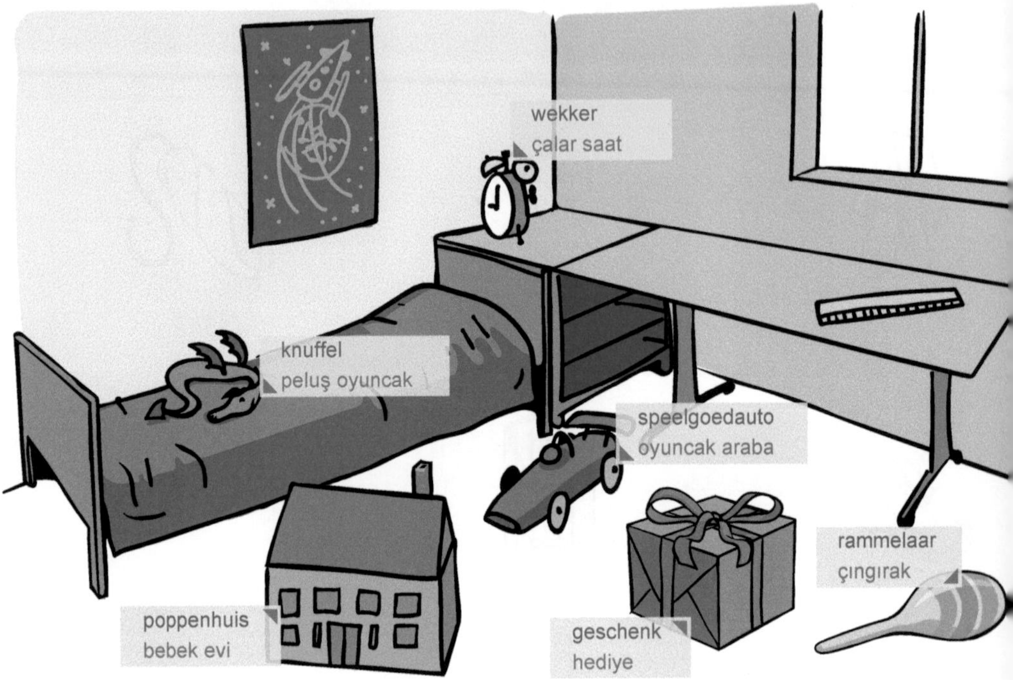

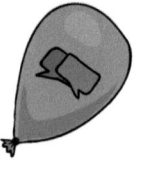

ballon

balon

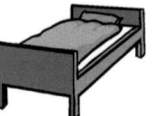

bed

yatak

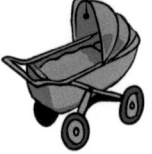

kinderwagen

bebek arabası

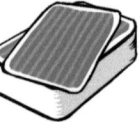

spel kaarten

kart destesi

puzzel

yapboz

SUPER MEGA

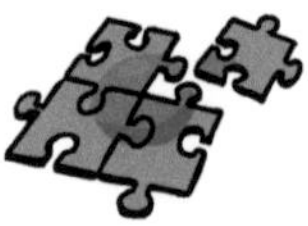

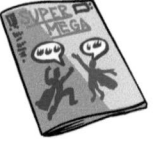

stripboek

çizgi roman

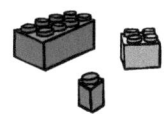

legoblokjes

lego tuğlaları

blokken

lego blokları

actiefiguur

aksiyon figürü

kruippakje

zıbın

frisbee

frizbi

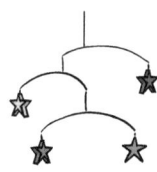

mobiel

dönence

bordspel

masa oyunu

dobbelsteen

zar

modelspoorweg

model tren seti

fopspeen

emzik

feest

parti

prentenboek

resimli kitap

bal

top

pop

oyuncak bebek

spelen

oynamak

zandbak

kum havuzu

schommel

salıncak

speelgoed

oyuncaklar

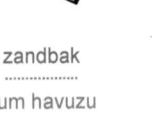

spelconsole

video oyun konsolu

driewieler

üç tekerlekli bisiklet

knuffelbeer

oyuncak ayı

kleerkast

gardırop

kleding

kıyafet

sokken

çorap

kousen

külotlu çorap

maillot

tayt

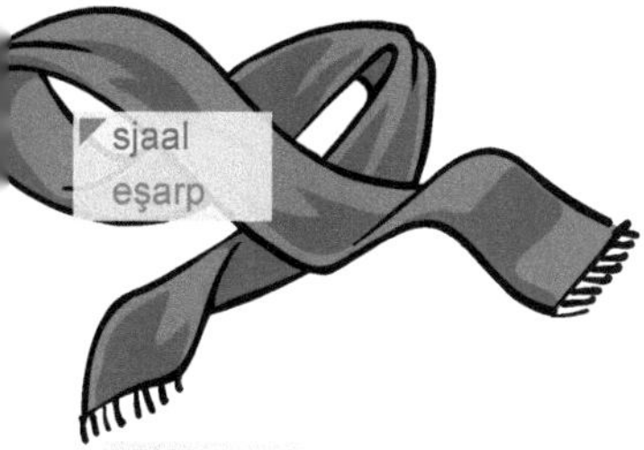

sjaal
eşarp

paraplu
şemsiye

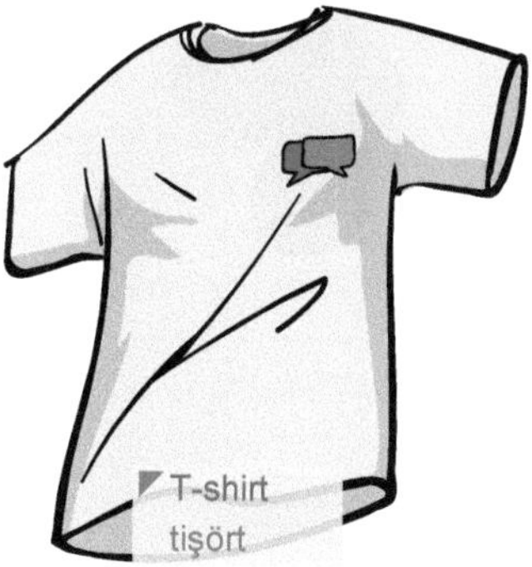

T-shirt
tişört

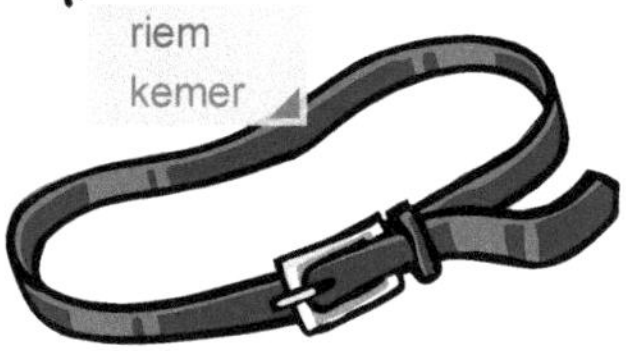

riem
kemer

laarzen
bot

slippers
terlik

sneakers
spor ayakkabı

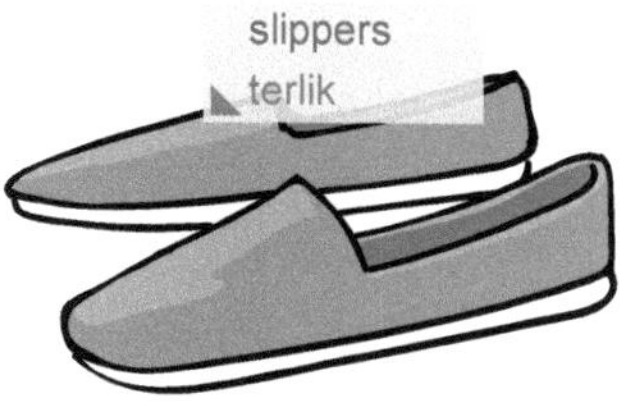

sandalen
....
sandalet

schoenen
....
ayakkabı

rubberlaarzen
....
lastik çizme

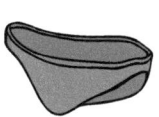

onderbroek
....
külot

beha
....
sütyen

onderhemd
....
yelek

lichaam
dar bluz

broek
pantolon

jeans
kot pantolon

rok
etek

blouse
bluz

hemd
gömlek

trui
kazak

capuchontrui
süveter

blazer
blazer

jas
ceket

jas
mont

regenjas
yağmurluk

kostuum
kostüm

jurk
elbise

trouwjurk
gelinlik

pak
takım elbise

nachthemd
gecelik

pyjama
pijama

sari
sari

hoofddoek
baş örtüsü

tulband
türban

boerka
burka

kaftan
kaftan

abaya
çarşaf

badpak
mayo

zwembroek
erkek mayosu

short
şort

trainingspak
eşofman

schort
önlük

handschoenen
eldiven

knoop

düğme

bril

gözlük

armband

bilezik

ketting

kolye

ring

yüzük

oorbel

küpe

pet

kep

kapstok

portmanto

hoed

şapka

das

kravat

rits

fermuar

helm

kask

bretellen

pantolon askısı

schooluniform

okul forması

uniform

üniforma

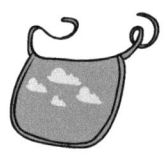

slabbetje

mama önlüğü

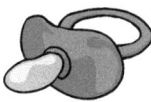

fopspeen

emzik

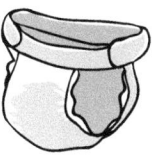

luier

bebek bezi

kantoor

ofis

server
sunucu
dossierkast
dosya dolabı
printer
yazıcı
papier
kağıt
monitor
monitör
muis
fare
bureau
masa
map
klasör
toestenbord
klavye
papiermand
kağıt çöp kutusu
stoel
sandalye
computer
bilgisayar

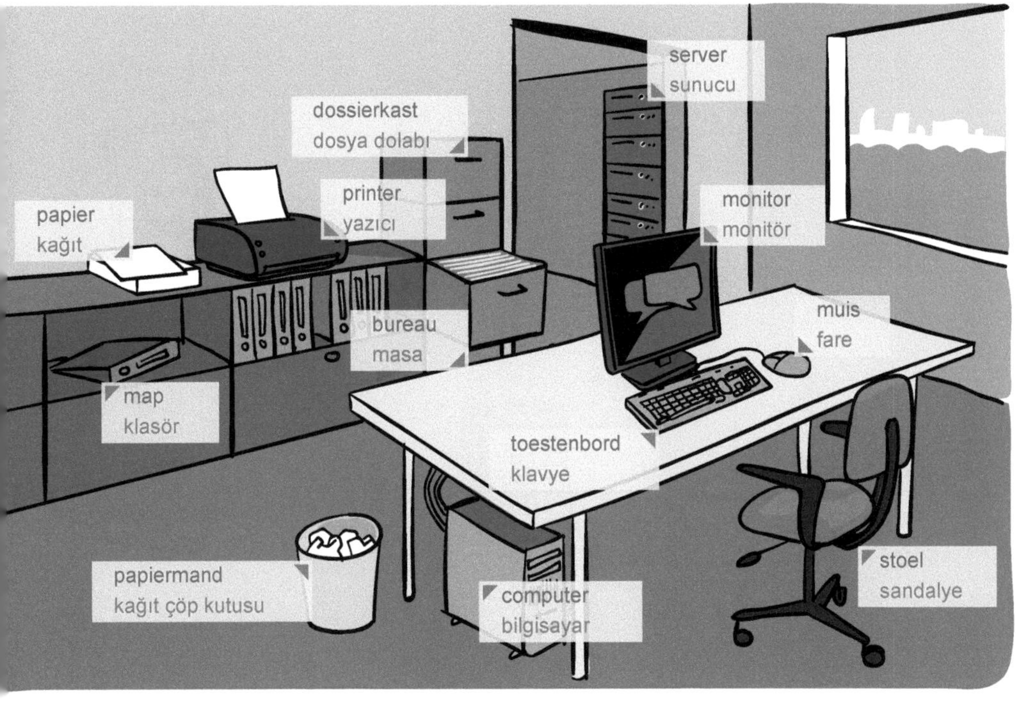

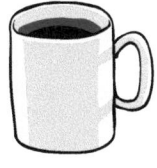

koffiemok

kahve fincanı

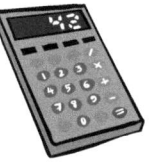

rekenmachine

hesap makinesi

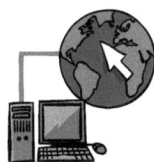

internet

internet

laptop

dizüstü

brief

mektup

bericht

mesaj

gsm

cep telefonu

netwerk

ağ

kopieerapparaat

fotokopi makinesi

software

yazılım

telefoon

telefon

stopcontact

priz

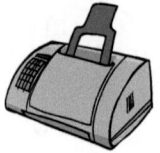

fax

faks makinesi

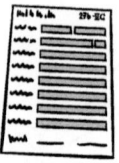

formulier

form

document

belge

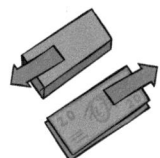

kopen

satın almak

betalen

ödemek

handelen

ticaret yapmak

geld

para

dollar

dolar

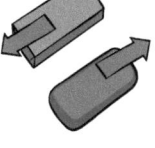 

euro

avro

yen

yen

roebel

ruble

Zwitserse frank

İsviçre frangı

Chinese renminbi

Çin yuanı

roepie

rupi

geldautomaat

kasa

wisselkantoor

döviz bürosu

goud

altın

zilver

gümüş

olie

petrol

energie

enerji

prijs

fiyat

contract

kontrat

belasting

vergi

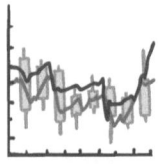

aandeel

menkul değer

werken

çalışmak

werknemer

işveren

werkgever

işçi

fabriek

fabrika

winkel

mağaza

beroepen
meslekler

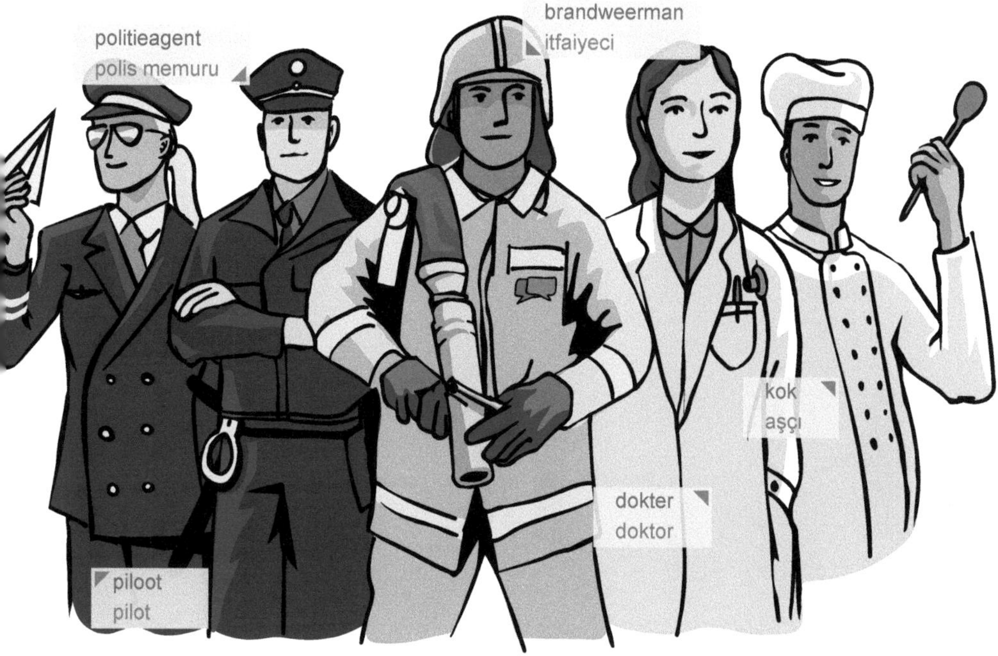
politieagent
polis memuru
brandweerman
itfaiyeci
kok
aşçı
dokter
doktor
piloot
pilot

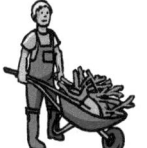

tuinman
bahçıvan

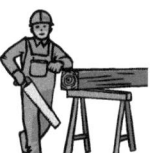

timmerman
marangoz

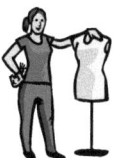

naaister
terzi

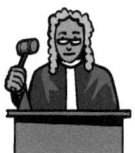

rechter
hakim

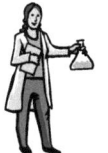

chemicus
kimyager

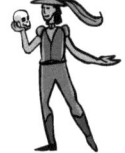

acteur
aktör

buschauffeur

otobüs şoförü

taxichauffeur

taksi şoförü

visser

balıkçı

schoonmaakster

temizlikçi

dakdekker

çatı ustası

ober

garson

jager

avcı

schilder

boyacı

bakker

fırıncı

elektricien

elektrikçi

bouwvakker

inşaatçı

ingenieur

mühendis

slager

kasap

loodgieter

muslukçu

postbode

postacı

soldaat

asker

architect

mimar

kassier

kasiyer

bloemist

çiçekçi

kapper

kuaför

conducteur

kondüktör

mecanicien

tamirci

kapitein

kaptan

tandarts

dişçi

wetenschapper

bilim insanı

rabbijn

haham

imam

imam

monnik

keşiş

geestelijke

rahip

werktuigen

aletler

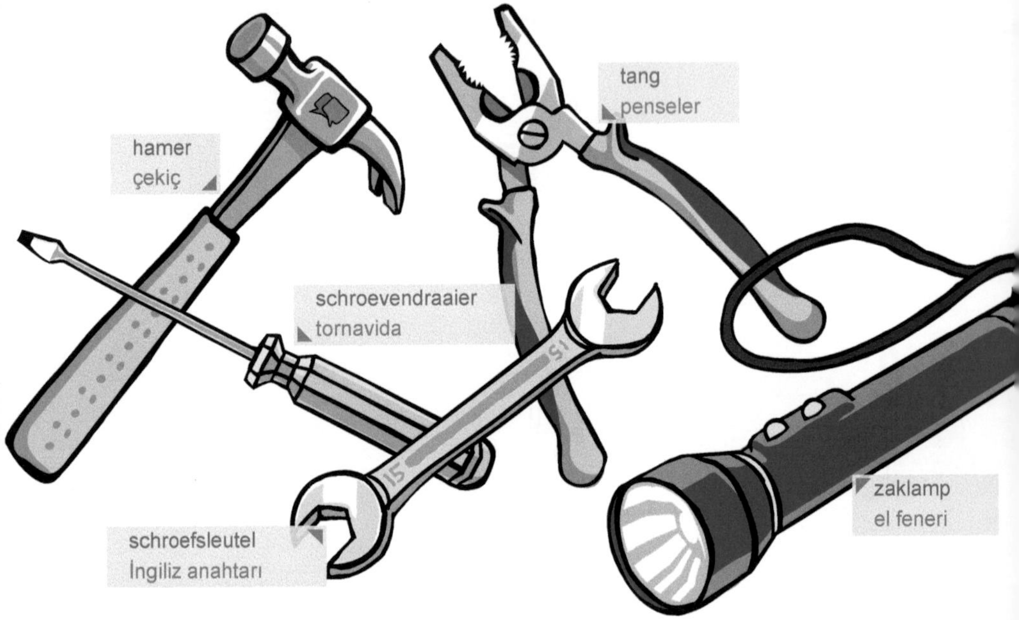

hamer
çekiç
tang
penseler
schroevendraaier
tornavida
schroefsleutel
İngiliz anahtarı
zaklamp
el feneri

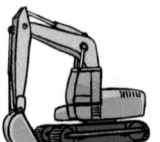

graafmachine

kazı makinesi

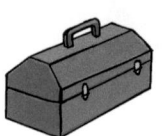

gereedschapskoffer

alet çantası

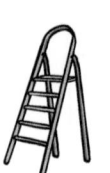

ladder

merdiven

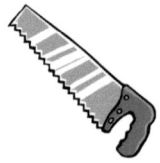

zaag

testere

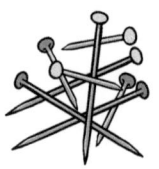

spijkers

çiviler

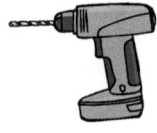

boormachine

matkap

repareren

tamir etmek

schop

kürek

Verdomme!

Kahretsin!

blik

faraş

verfpot

boya tenekesi

schroeven

vidalar

muziekinstrumenten
müzik enstrümanı

drumstel
bateri seti

luidspreker
hoparlör

gitaar
gitar

contrabas
kontrbas

trompet
trompet

piano

piyano

viool

keman

basgitaar

basgitar

pauk

timpani

trommels

bateri

keyboard

klavye

saxofoon

saksafon

fluit

flüt

microfoon

mikrofon

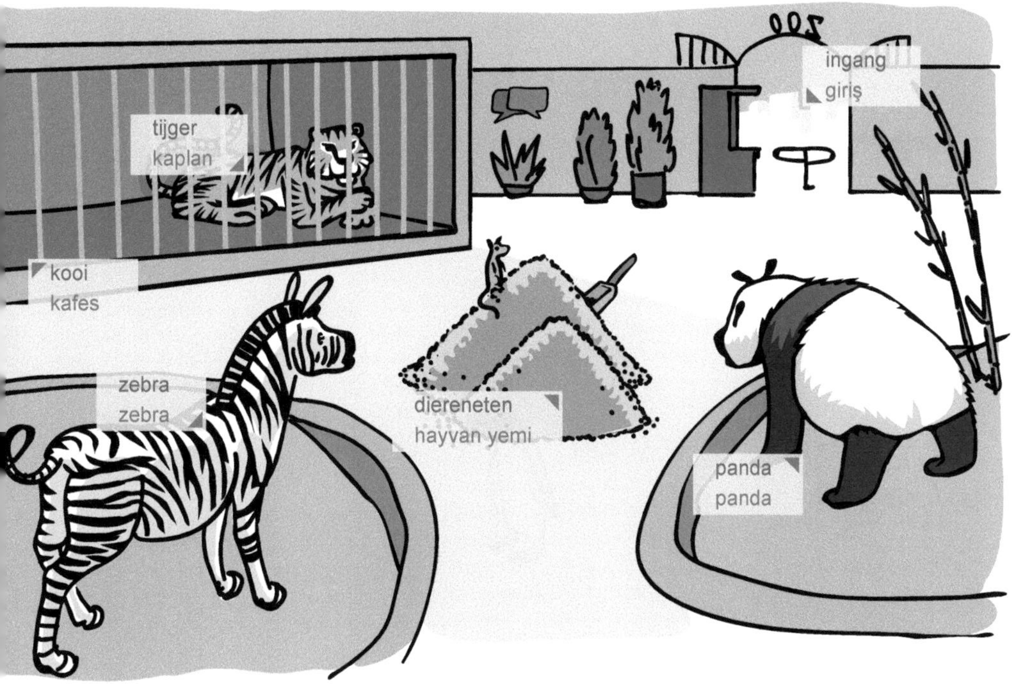

ingang
giriş

tijger
kaplan

kooi
kafes

zebra
zebra

diereneten
hayvan yemi

panda
panda

dieren

hayvanlar

olifant

fil

kangoeroe

kanguru

neushoorn

gergedan

gorilla

goril

beer

ayı

kameel

deve

struisvogel

deve kuşu

leeuw

aslan

aap

maymun

flamingo

flamingo

papegaai

papağan

ijsbeer

kutup ayısı

pinguïn

penguen

haai

köpek balığı

pauw

tavus kuşu

slang

yılan

krokodil

timsah

dierenverzorger

hayvanat bahçesi görevlisi

zeehond

fok

jaguar

jaguar

pony

midilli atı

luipaard

leopar

nijlpaard

su aygırı

giraffe

zürafa

adelaar

kartal

wild zwijn

yaban domuzu

vis

balık

zeeschildpad

kaplumbağa

walrus

mors

vos

tilki

gazelle

ceylan

sporten
sporlar

rugby
amerikan futbolu

wielrennen
bisiklete binme

tennis
tenis

basketbal
basketbol

zwemmen
yüzme

boksen
boks

ijshockey
buz hokeyi

voetbal
futbol

badminton
badminton

atletiek
atletizm

handbal
hentbol

skiën
kayak

polo
polo

activiteiten
etkinlikler

lachen
gülmek
springen
atlamak
knuffelen
sarılmak
wandelen
yürümek
zingen
söylemek
dromen
hayal etmek
bidden
dua etmek
kussen
öpmek

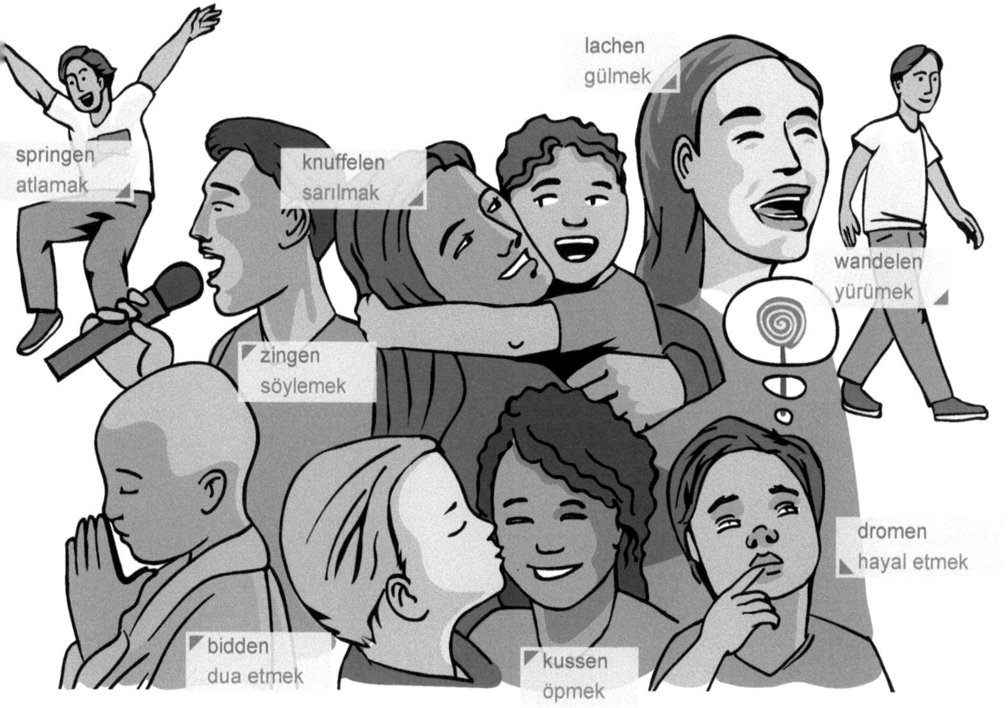

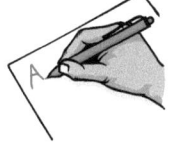

schrijven

yazmak

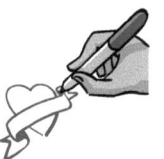

tekenen

çizmek

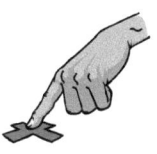

tonen

göstermek

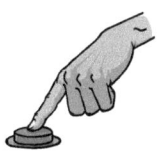

duwen

itmek

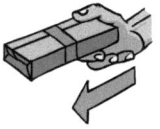

geven

vermek

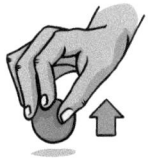

nemen

almak

hebben

sahip olmak

doen

yapmak

zijn

olmak

staan

ayakta durmak

lopen

koşmak

trekken

çekmek

gooien

atmak

vallen

düşmek

liggen

yalan söylemek

wachten

beklemek

dragen

taşımak

zitten

oturmak

aankleden

giyinmek

slapen

uyumak

ontwaken

uyanmak

kijken naar

bakmak

wenen

ağlamak

aaien

vurmak

kammen

taramak

praten

konuşmak

begrijpen

anlamak

vragen

sormak

luisteren

dinlemek

drinken

içmek

eten

yemek

opruimen

düzenlemek

houden van

sevmek

koken

pişirmek

rijden

sürmek

vliegen

uçmak

zeilen

denize açılmak

rekenen

hesapla

Lezen

okumak

leren

öğrenmek

werken

çalışmak

trouwen

evlenmek

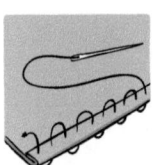

naaien

dikmek

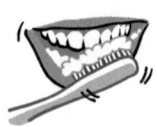

tandenpoetsen

diş fırçalamak

doden

öldürmek

roken

sigara içmek

sturen

yollamak

activiteiten - etkinlikler

grootmoeder
büyükanne

grootvader
büyükbaba

vader
baba

moeder
anne

baby
bebek

dochter
kız

zoon
oğul

gast

misafir

tante

teyze

oom

amca

broer

erkek kardeş

zus

kız kardeş

lichaam

vücut

voorhoofd
alın
oog
göz
schouder
omuz
vinger
parmak
gezicht
yüz
kin
çene
hand
el
been
bacak
borst
göğüs
arm
kol

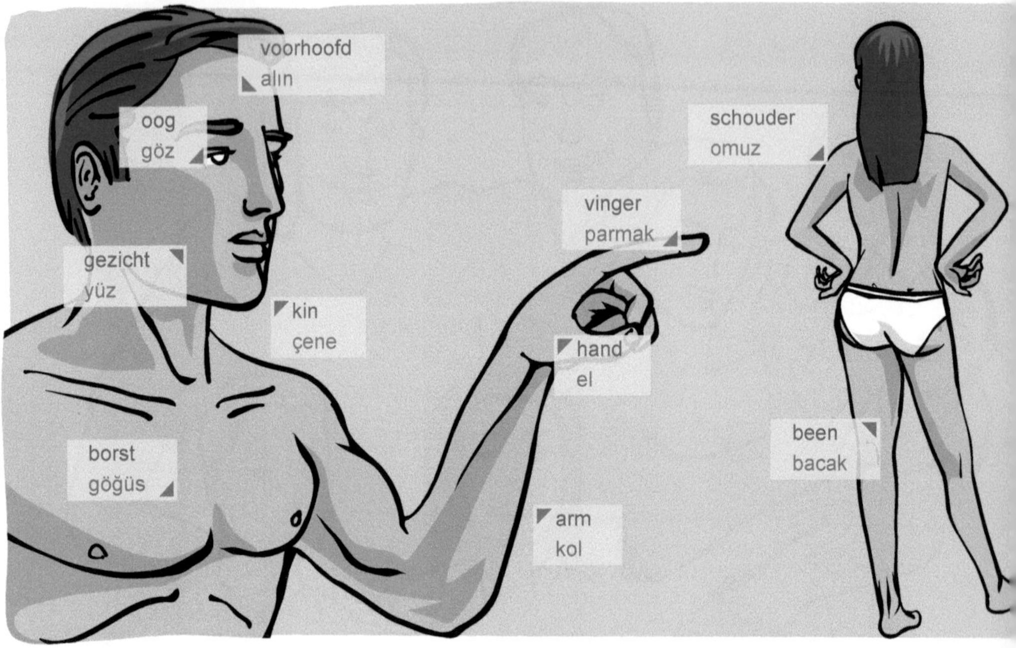

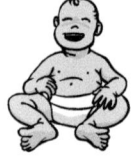

baby

bebek

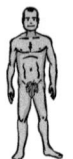

man

adam

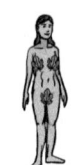

vrouw

kadın

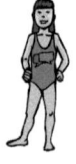

meisje

kız

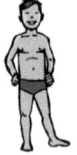

jongen

erkek çocuk

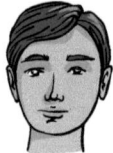

hoofd

baş

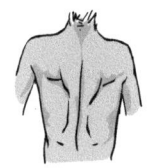

rug

sırt

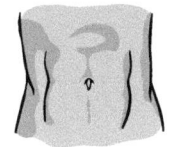

buik

karın

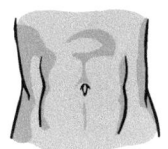

navel

göbek

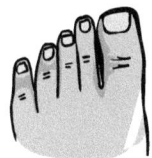

teen

ayak parmağı

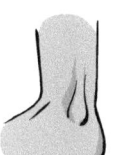

hiel

topuk

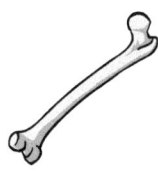

bot

kemik

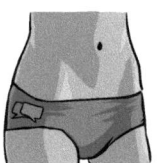

heup

kalça

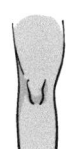

knie

diz

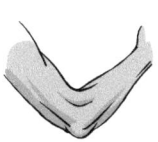

elleboog

dirsek

neus

burun

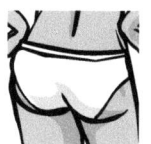

zitvlak

kalça

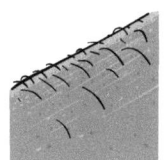

huid

deri

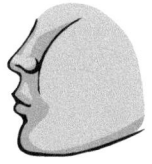

wang

yanak

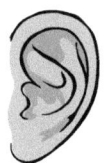

oor

kulak

lip

dudak

mond

ağız

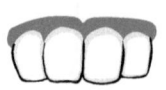

tand

diş

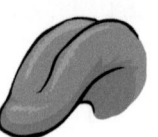

tong

dil

hersenen

beyin

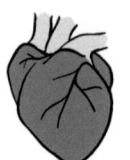

hart

kalp

spier

kas

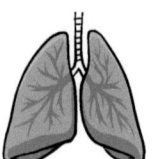

long

akciğer

lever

karaciğer

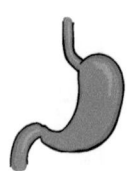

maag

mide

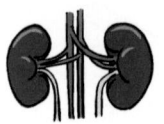

nieren

böbrekler

seks

seks

condoom

prezervatif

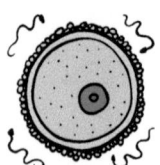

eicel

yumurtalık

sperma

sperm

zwangerschap

hamilelik

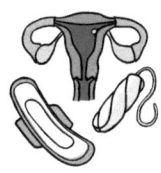

menstruatie
regl

vagina
vajina

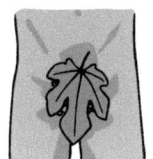

penis
penis

wenkbrauw
kaş

haar
saç

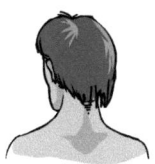

nek
boyun

ziekenhuis
hastane

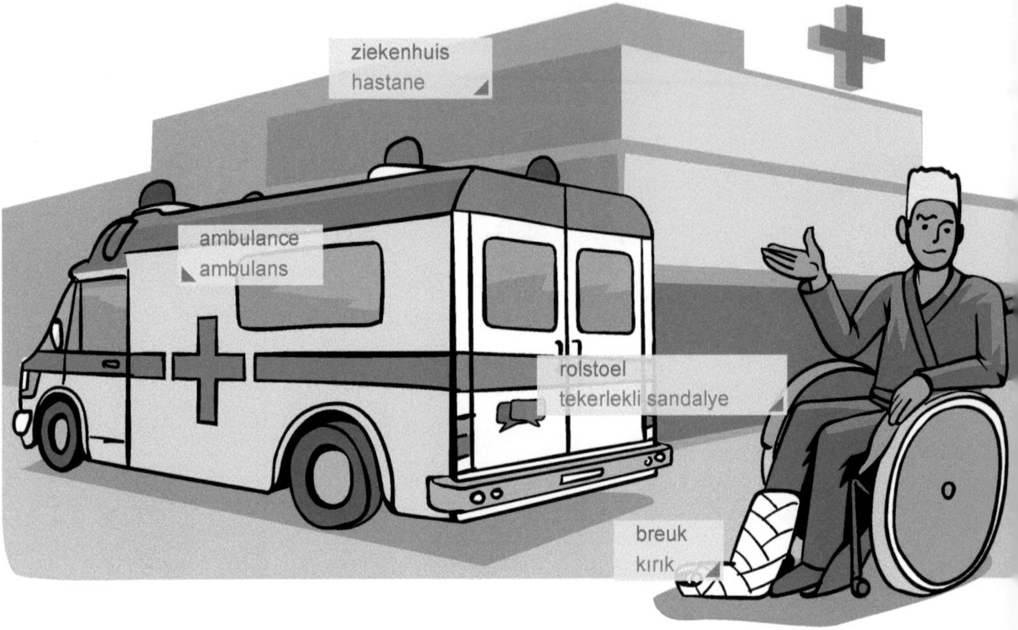

ziekenhuis
hastane
ambulance
ambulans
rolstoel
tekerlekli sandalye
breuk
kırık

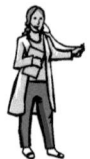

dokter

doktor

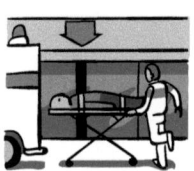

spoed

acil servis

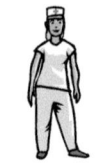

verpleegkundige

hemşire

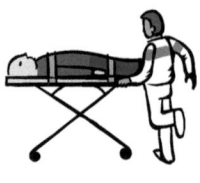

noodgeval

acil

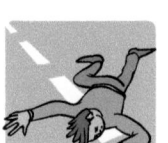

bewusteloos

baygın

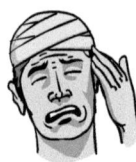

pijn

acı

verwonding
yaralanma

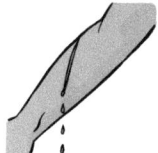

bloeding
kanama

hartaanval
kalp krizi

beroerte
felç

allergie
alerji

hoest
öksürük

koorts
ateş

griep
grip

diarree
ishal

hoofdpijn
baş ağrısı

kanker
kanser

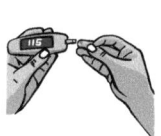

diabetes
şeker hastalığı

chirurg
cerrah

scalpel
neşter

operatie
operasyon

CT

bilgisayarlı tomografi

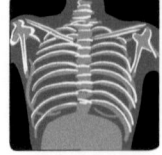

röntgenstraal

röntgen

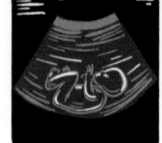

ultrageluid

ultrason

gezichtsmasker

yüz maskesi

ziekte

hastalık

wachtkamer

bekleme odası

kruk

koltuk değneği

pleister

yara bandı

verband

bandaj

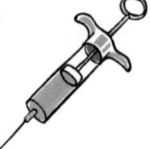

injectie

enjeksiyon

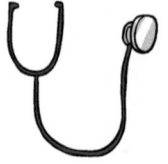

stethoscoop

steteskop

brancard

sedye

thermometer

tıbbi termometre

geboorte

doğum

overgewicht

fazla kilo

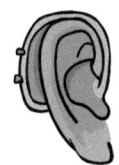

hoorapparaat

işitme cihazı

ontsmettingsmiddel

dezenfektan

infectie

enfeksiyon

virus

virüs

HIV / AIDS

HIV / AIDS

medicijn

ilaç

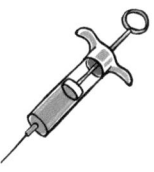

vaccinatie

aşı

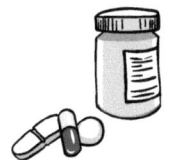

tabletten

tablet

pil

hap

noodoproep

acil çağrı

bloeddrukmeter

tansiyon aleti

ziek / gezond

hasta / sağlıklı

Help!	alarm	overval
İmdat!	alarm	darp

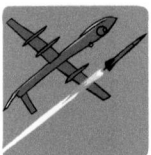		
aanval	gevaar	nooduitgang
saldırı	tehlike	acil çıkış

Brand!	brandblusser	ongeval
Yangın!	yangın tüpü	kaza

EHBO-kit	SOS	politie
ilk yardım çantası	imdat	polis

Europa

Avrupa

Noord-Amerika

Kuzey Amerika

Zuid-Amerika

Güney amerika

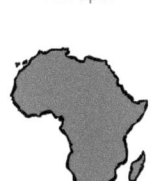

Afrika

Afrika

Azië

Asya

Australië

Avustralya

Atlantische Oceaan

Atlantik

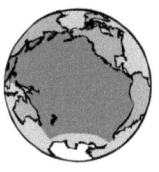

Stille Oceaan

Pasifik

Indische Oceaan

Hint Okyanusu

Antarctische Oceaan

Antarktika Okyanusu

Arctische Oceaan

Arktik Okyanusu

Noordpool

Kuzey Kutbu

Zuidpool

Güney Kutbu

Antarctica

Antarktika

aarde

dünya

land

kara

zee

deniz

eiland

ada

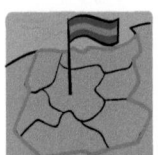

natie

ulus

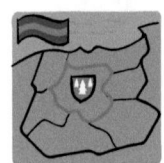

staat

ülke

wijzerplaat

kadran

uurwijzer

akrep

minuutwijzer

yelkovan

secondewijzer

saniye ibresi

Hoe laat is het?

Saat kaç?

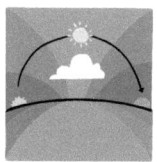

dag

gün

tijd

zaman

nu

şimdi

digitale horloge

dijital saat

minuut

dakika

uur

saat

week

hafta

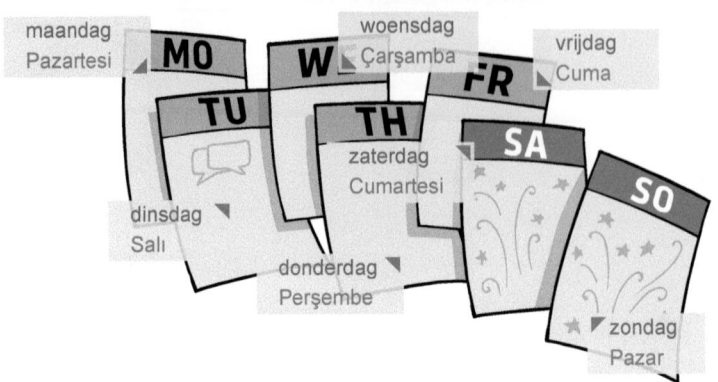

maandag
Pazartesi

woensdag
Çarşamba

vrijdag
Cuma

zaterdag
Cumartesi

dinsdag
Salı

donderdag
Perşembe

zondag
Pazar

gisteren

dün

vandaag

bugün

morgen

yarın

ochtend

sabah

middag

öğle

avond

akşam

werkdagen

iş günleri

weekend

hafta sonu

jaar

yıl

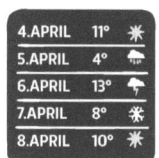

regen
yağmur
regenboog
gökkuşağı
wind
rüzgar
sneeuw
kara
lente
bahar
zomer
yaz
herfst
sonbahar
winter
kış

4.APRIL 11°
5.APRIL 4°
6.APRIL 13°
7.APRIL 8°
8.APRIL 10°

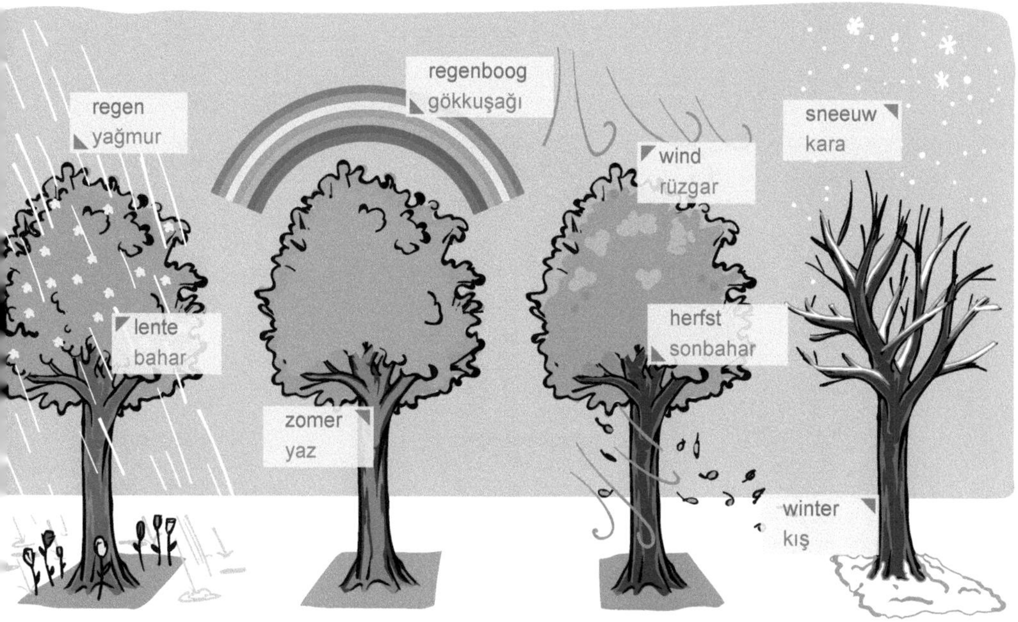

weervoorspelling

hava durumu tahmini

F C
120 40
90 30
60 20
30 10
0 0
-30 -10
-20

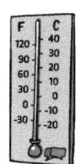

thermometer

termometre

zonneschijn

güneş ışığı

wolk

bulut

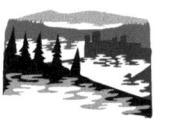

mist

sis

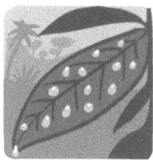

vochtigheid

nem

bliksem

şimşek

donder

gök gürültüsü

storm

fırtına

hagel

dolu

moesson

muson

overstroming

sel

ijs

buz

januari

Ocak

februari

Şubat

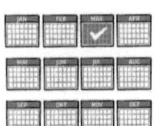

maart

Mart

april

Nisan

mei

Mayıs

juni

Haziran

juli

Temmuz

augustus

Ağustos

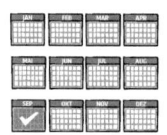

september
Eylül

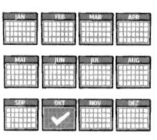

oktober
Ekim

november
Kasım

december
Aralık

cirkel
daire

kwadraat
kare

rechthoek
dikdörtgen

driehoek
üçgen

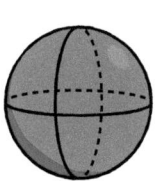

bol
küre

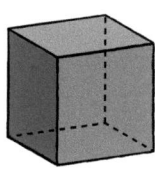

kubus
küp

kleuren
renkler

wit

beyaz

geel

sarı

oranje

turuncu

roze

pembe

rood

kırmızı

paars

mor

blauw

mavi

groen

yeşil

bruin

kahverengi

grijs

gri

zwart

siyah

veel / weinig

çok / az

boos / kalm

kızgın / sakin

mooi / lelijk

güzel / çirkin

begin / einde

başlangıç / son

groot / klein

büyük / küçük

licht / donker

parlak / karanlık

broer / zus

rkek kardeş / kız kardeş

proper / vuil

temiz / kirli

volledig / onvolledig

tamam / eksik

dag / nacht

gün / gece

dood / levend

ölü / canlı

breed / smal

geniş / dar

eetbaar / oneetbaar

yenilebilir / yenilemez

kwaadaardig / vriendelijk

kötü / iyi

opgewonden / verveeld

heyecanlı / sıkılmış

dik / dun

şişman / zayıf

eerst / laatst

ilk / son

vriend / vijand

dost / düşman

vol / leeg

dolu / boş

hard / zacht

sert / yumuşak

zwaar / licht

ağır / hafif

honger / dorst

açlık / susuzluk

ziek / gezond

hasta / sağlıklı

illegaal / legaal

yasa dışı / yasal

intelligent / dom

zeki / aptal

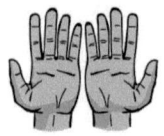

links / rechts

sol / sağ

dichtbij / veraf

yakın / uzak

nieuw / gebruikt

yeni / kullanılmış

niets / iets

hiçbir şey / bir şey

oud / jong

yaşlı / genç

aan / uit

açma / kapama

open / dicht

açık / kapalı

stil / luid

sessiz / gürültülü

rijk / arm

zengin / fakir

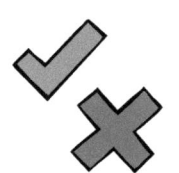

juist / fout

doğru / yanlış

ruw / glad

pürüzlü / düz

droevig / blij

üzgün / mutlu

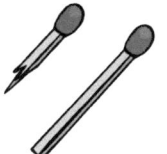

kort / lang

kısa / uzun

traag / snel

yavaş / hızlı

nat / droog

ıslak / kuru

warm / koud

sıcak / serin

oorlog / vrede

savaş / barış

0	**1**	**2**
nul	één	twee
sıfır	bir	iki

3	**4**	**5**
drie	vier	vijf
üç	dört	beş

6	**7**	**8**
zes	zeven	acht
altı	yedi	sekiz

9	**10**	**11**
negen	tien	elf
dokuz	on	on bir

12

twaalf

on iki

13

dertien

on üç

14

veertien

on dört

15

vijftien

on beş

16

zestien

on altı

17

zeventien

on yedi

18

achtien

on sekiz

19

negentien

on dokuz

20

twintig

yirmi

100

honderd

yüz

1.000

duizend

bin

1.000.000

miljoen

milyon

Engels

İngilizce

Amerikaans Engels

Amerikan İngilizcesi

Chinees (Mandarijn)

Çince (Mandarin)

Hindi

Hintçe

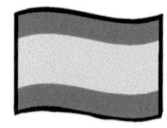

Spaans

İspanyolca

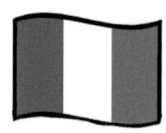

Frans

Fransızca

Arabisch

Arapça

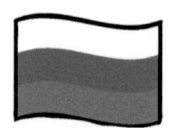

Russisch

Rusça

Portugees

Portekizce

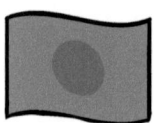

Bengali

Bengalce

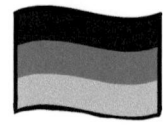

Duits

Almanca

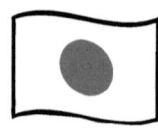

Japans

Japonca

ik
ben

u
sen

hij / zij / het
o

wij
biz

u
siz

ze
onlar

wie?
kim?

wat?
ne?

hoe?
nasıl?

waar?
nerede?

wanneer?
ne zaman?

naam
isim

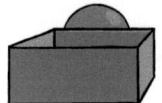

achter

arkasında

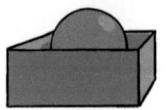

in

içinde

voor

önünde

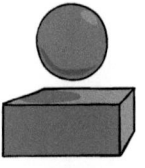

boven

üzerinde

op

üstünde

onder

altında

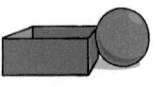

naast

yanında

tussen

arasında

plaats

yer